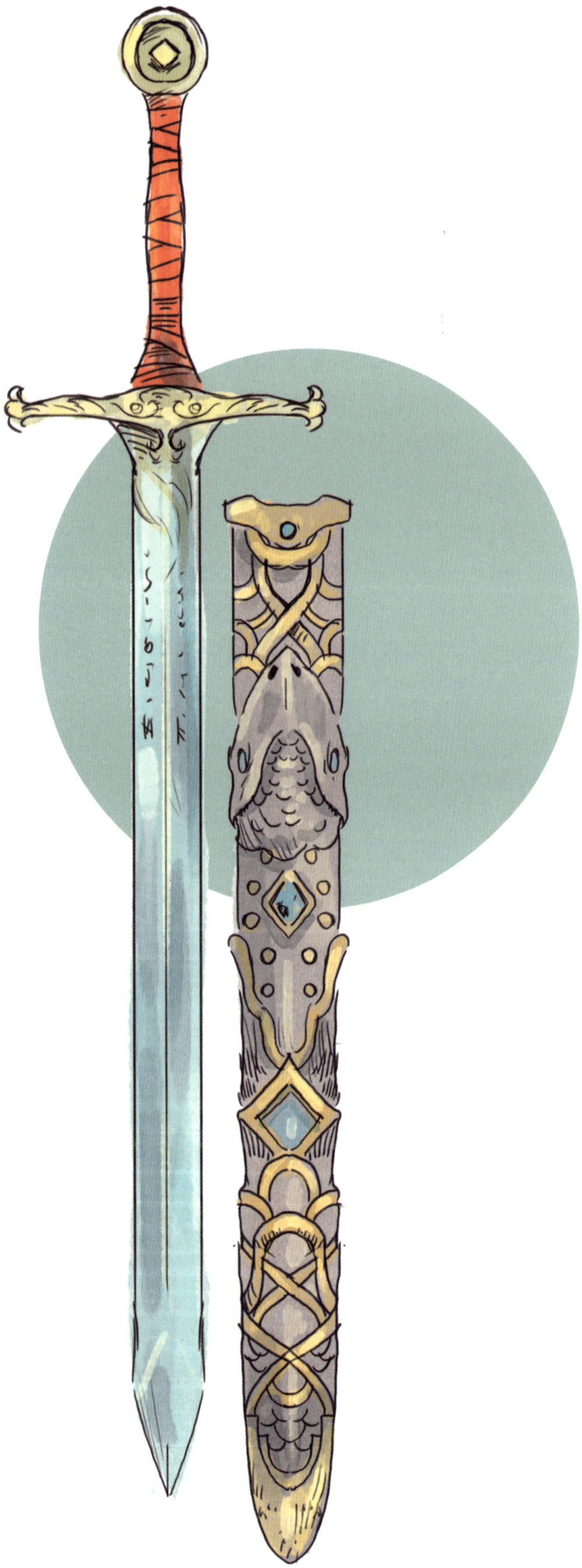

Atlas der
FANTASTISCHEN ORTE

Illustrationen von Andrea Alemanno
Texte von Altea Villa

WS Kids
WHITE STAR KIDS

INHALT

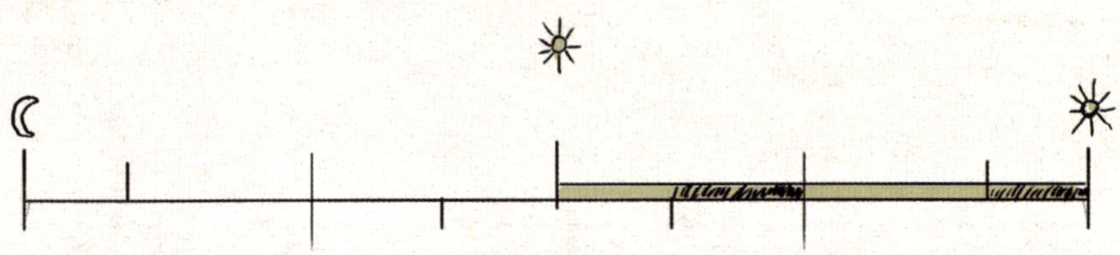

JEDE REISE ...

ist ein Abenteuer, und das erst recht, wenn sie an magische Orte führt, die der FANTASIE entstammen.

Wer sich auf eine Reise begibt, muss nicht nur bereit sein, allerlei Gefahren zu bestehen, sondern auch von **ABENTEUERLUST** getrieben sein. Die Neugier ist es, die Reisende dazu bringt, unbekannte und gefährliche Wege zu beschreiten, stürmische Gewässer zu befahren und mit Reichtum gesegnete Länder zu entdecken.

Mit wachen Augen beobachten und notieren Reisende jedes Detail der erkundeten Landschaften und der Wesen, die sie dort antreffen: Ein Notizheft oder REISETAGEBUCH ist für mutige Abenteurer daher unverzichtbar, um die Eindrücke, die ein Erlebnis in ihren Herzen hinterlässt, sorgfältig zu bewahren!

JEDE ROUTE ...

ist in einer GENAUEN KARTE verzeichnet, die die Reisenden zu Rate ziehen können, wenn sie sich des Weges unsicher sind. Das Notizheft ist ihr bester Begleiter: Die leeren Seiten harren schon der Aufzeichnungen und Erinnerungen, die die Abenteurer darauf festhalten werden.

Aus diesem Grund findest du in diesem Buch Landkarten, in denen alle wichtigen Orte verzeichnet sind. Außerdem stellt es in einzigartigen Porträts mehr oder weniger seltsame FIGUREN und GEGENSTÄNDE vor, die die wundersamen Welten, deren Teil sie sind, repräsentieren!

WUNDERLAND

Außergewöhnlichen Tieren hinterherzurennen ist nicht immer eine gute Idee. Also: Wenn du eine Maus mit Zylinder oder einen Papagei mit Regenschirm siehst, ist es vielleicht besser, dieses Wesen einfach davonlaufen zu lassen und dich zu fragen, ob du nicht vielleicht geträumt hast oder einer Fata Morgana aufgesessen bist. Wenn du aber beschließt, deiner angeborenen Neugier zu folgen, und dich auf die Spur dieser seltsamen Kreaturen begibst, könntest du an einen Ort gelangen, an dem nichts so ist, wie es scheint.

So erging es einem kleinen Mädchen an einem schläfrigen, sonnigen Nachmittag. Verblüfft vom Anblick eines weißen Kaninchens mit einer Taschenuhr, lief es ihm nach und fiel dabei durch ein Loch in eine andere Welt.

Alice – so heißt das Mädchen – gelangt ins Wunderland, wo man allerlei verrückten Gestalten begegnet.

In diesem Land sind alle seltsam, und wer es betritt, stellt fest, dass es dort von Minute zu Minute seltsamer wird. Alice erinnert sich plötzlich nicht mehr an Kinderreime und Verse, die sie zuvor auswendig kannte. Manchmal scheint ihr sogar ihr eigener Name oder ihr Leben jenseits dieser Wälder und Gärten kaum noch einzufallen! Man sollte sich jedenfalls vor duftenden Süßigkeiten in Acht nehmen und nicht an Flaschen nippen, selbst wenn deren Etiketten dazu auffordern! Denn das könnte unerhörte Folgen haben.

MEINE NOTIZEN

JEDEM SCHLOSS SEIN SCHLÜSSEL

Wie öffnet man winzige Türen, die einen in wunderbare Gärten führen? Natürlich mit den passenden Schlüsseln! Du musst alle Schlösser, denen du begegnest, genau anschauen, denn nicht immer hast du den richtigen Schlüssel. Oder die richtige Körpergröße, um durch eine Tür zu passen.

EIN LAAAANG-SAAAMER FALL

Die Reise der kleinen Alice ins WUNDERLAND geht extrem langsam vor sich, fast wie die Flüge, die wir manchmal im Traum erleben. Das Loch, in das sie fällt, führt in einen tiefen, seltsamen Brunnen: An seinen steilen Erdwänden befinden sich Regale und Gemälde, geografische Karten und sogar Gläser mit Orangenmarmelade!

DAS BELIEBTESTE SPIEL

Der beliebteste Zeitvertreib im Wunderland, insbesondere beim HERZKÖNIG und der HERZKÖNIGIN, ist das KROCKETSPIEL! Allerdings ist dieses Spiel gar nicht so einfach, vor allem dann nicht, wenn man es noch nie gespielt hat. Die Bälle sind Igel, die nicht immer stillhalten, und rosa Flamingos dienen als Schläger. Leider lassen sie nicht so leicht handhaben.

ROSENFARBE

Eine herrliche Blume mit duftenden Blütenblättern könnte die Ursache für eine große Gefahr sein ... nämlich die, den Kopf zu verlieren! Nichts erzürnt die KÖNIGIN DER HERZEN mehr als die Missachtung ihrer Befehle.

EIN STRAUCH WEISSER ROSEN, DEN SIE ROT HABEN WILL, IST EIN PROBLEM, DAS SCHNELL MIT VIEL ROTER FARBE GELÖST WERDEN MUSS!

WEN ICH TRAF

Die Königin ist jähzornig und stets bereit, jeden zu verurteilen, der ihr nahekommt. Ein kurzes Niesen, und schon heißt es: Ab mit dem Kopf!

DAHER VERHÄLT MAN SICH AM BESTEN RUHIG UND HÄLT SICH MÖGLICHST VON IHR FERN: MAN WEISS NIE, WAS SIE IM NÄCHSTEN MOMENT ERZÜRNT!

Kann eine Katze grinsen? Nun, diese Katze fletscht nicht nur ständig die Zähne und grinst, sondern sie kann auch verschwinden … Stück für Stück! Es ist nichts Ungewöhnliches, wenn man auf einem Ast nur ihren Kopf oder ihren buschigen Schwanz erblickt.

GENAU DAS ERWARTET MAN JA VON EINER KATZE AUS DEM WUNDERLAND!

DAS WEISSE KANINCHEN

Sein Anblick veranlasst ein kleines Mädchen, ihm in eine Welt zu folgen, die so bizarr ist wie die Figuren, die sie bewohnen. Oft verspätet, eilt das weiße Kaninchen mit einer großen Taschenuhr, weißen Handschuhen und einem Fächer umher.

ES ARBEITET AM HOF DER HERZKÖNIGIN UND HAT GROSSE ANGST VOR IHR!

DEN VERRÜCKTEN HUTMACHER

In seinem Garten hat er eine lange Tafel gedeckt, um in guter Gesellschaft Tee zu trinken. Viele Tassen und Teekannen, Teller und Untertassen sind für nur zwei Gäste gedeckt: den Märzhasen und den Siebenschläfer, der meistens schläft.

WENN DU LUST AUF EINEN IMBISS MIT IHM HAST, MACH DICH AUF HÖCHST BIZARRE GESPRÄCHE GEFASST.

Rosengarten
Schloss der Herzkönigin
Krocketplatz
Haus des Märzhasen
Haus des verrückten Hutmachers

Tränensee
Haus des weißen Kaninchens
Haus der Herzogin
Grinsekatze
Die Raupe

DAS KÖNIGREICH OZ

Eine trockene Wüste umgibt das fruchtbare Königreich Oz von allen Seiten: Sie zu durchqueren ist ein gefährliches und schwieriges Unterfangen, an dem die meisten Abenteurer scheitern.

Doch man erzählt sich, dass viele zufällig und unfreiwillig dorthin kamen, ohne einem bestimmten Weg zu folgen. Die Ankunft eines kleinen Mädchens, Dorothy, und ihres Hundes direkt aus dem Himmel ist inzwischen legendär: Ein heftiger Wirbelsturm hatte ihr Haus angehoben und mitten im Land der Munchkins abgesetzt.

Ein solches Ereignis ist weder vorhersehbar noch empfehlenswert, um die berühmte Smaragdstadt zu besuchen.

Es stimmt allerdings, dass man sehr geschickt sein muss, um dorthin zu gelangen, denn die genaue Lage dieser Stadt ist nicht bekannt.

Hat man es nach Oz geschafft, bemerkt man bald einen breiten Weg aus Ziegeln, deren intensives Gelb fast mit Gold vermischt scheint. Dies ist der beste Weg in die Hauptstadt, die Smaragdstadt, in der jede Fläche, jedes Gebäude und jeder Bewohner die Farbe dieses kostbaren, leuchtenden Edelsteins hat.

Es empfiehlt sich, eine Spezialbrille zu tragen, um seine Augen vor dem starken grünen Glanz in dieser Stadt zu schützen.

Die Reise in einem Wirbelsturm ist alles andere als bequem: Wenn man sich nicht schnell an einem schweren Möbelstück festhält, läuft man Gefahr, den Rest der Reise hilflos umhergeworfen zu werden. Das hat Dorothy uns selbst erzählt. Ihr kleiner Hund Toto fiel sogar durch eine Falltür, die sich nach unten öffnete, und wurde dann vom Sturm ins Haus zurückgeschleudert!

EIN WIRBELSTURM IST AUCH FÜR JENE GEFÄHRLICH, DIE SEINEN DURCHZUG BEOBACHTEN: MAN WEISS NIE, WAS DABEI VOM HIMMEL FÄLLT!

DIE BERÜHMTEN SCHUHE

Die Böse Hexe des Ostens weiß ganz genau: Ihre Herrschaft fand ein Ende, weil der Wirbelsturm Dorothys Haus auf sie fallen ließ und sie zerquetschte. Übrig blieben nur ihre spitzen, rot glänzenden Schuhe, die ungewöhnlich bequem sind und erstaunliche magische Kräfte besitzen. Dorothy bekam sie geschenkt und trug sie bei all ihren Abenteuern!

BEREIT FÜR DIE LANDUNG!

Dorothys Reise beginnt an dem Ort ihrer Landung, im Land der MUNCHKINS. Die Bewohner tragen blaue Kleidung, blaue Schuhe und blaue Hüte. Spitze Hüte sind der letzte Schrei im Königreich Oz: Sogar die Vogelscheuche trägt einen, den sie vielleicht von einem Munchkin geerbt hat, denn er ist blau!

SOGAR HEXEN TRAGEN DIESE HÜTE. DIE DER BÖSEN HEXEN SIND BESONDERS SPITZ!

NICHT NUR SCHICK ...

Für eine Reise in die SMARAGDSTADT empfiehlt sich eine Brille mit grünen Gläsern: Der Glanz der Stadt kann die Besucher und sogar ihre eigenen Bewohner blenden! Aus diesem Grund sind alle grünen Brillen der Stadt mit Vorhängeschlössern an den Gesichtern befestigt: So ist man nie versucht, sie abzunehmen!

WEN ICH TRAF

DIE VOGELSCHEUCHE

Eine mit Stroh gefüllte Puppe, die Vögel von den Feldern fernhalten soll: eine ziemlich langweilige Beschäftigung! Daher zieht die Vogelscheuche es vor, im Königreich Oz herumzuspazieren.

SIE SCHLIESST SICH DOROTHY AN, UM DIE SMARAGDSTADT UND DEN ZAUBERER ZU FINDEN, DER IHR EIN GEHIRN GEBEN KÖNNTE!

DEN BLECHMANN

Sein Körper ist durch und durch aus Metall: Er ist Holzfäller und muss sehr achtgeben, dass er nicht rostet und unbeweglich wird!

ER TRÄUMT DAVON, EIN HERZ ZU BEKOMMEN, UM WIEDER LIEBEN ZU KÖNNEN. SEINE EINZIGE HOFFNUNG IST DER MÄCHTIGE ZAUBERER VON OZ.

DEN FEIGEN LÖWEN

Wer den König der Tiere seiner Grausamkeit wegen fürchtet, wird beim Anblick dieses Löwen erleichtert sein: Er ist ein sehr ängstliches Tier, das mit seinem mächtigen Gebrüll Furcht und Schrecken verbreitet, auch wenn er selbst der Ängstlichste von allen ist!

EINE GUTE PORTION MUT WÜRDE IHM SICHER NICHT SCHADEN. VIELLEICHT FINDET ER IN DER SMARAGDSTADT WELCHEN.

DEN MÄCHTIGEN ZAUBERER

Niemand kennt sein wahres Aussehen. Jeder, den er zu sich vorlässt, erblickt etwas anderes: eine schöne Frau in einem grünen Kleid, einen Feuerball oder eine wilde Bestie ...

DER MÄCHTIGE ZAUBERER IST IN EIN DICHTES, UNHEIMLICHES GEHEIMNIS GEHÜLLT.

Die Smaragdstadt hat einen so starken Glanz ...

... dass man eine Spezialbrille tragen muss, wenn man sie besucht.

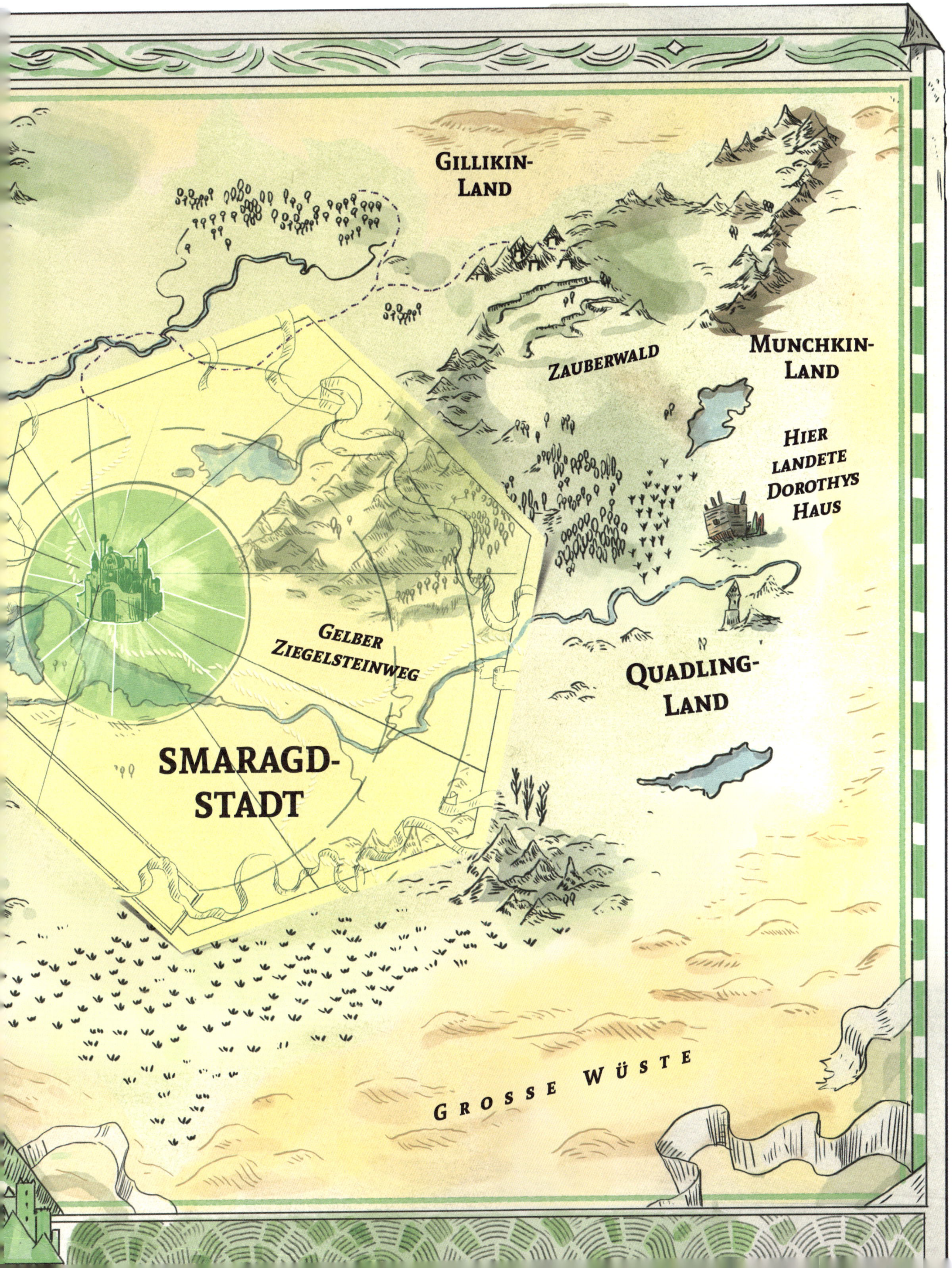
GILLIKIN-
LAND
ZAUBERWALD
MUNCHKIN-
LAND
HIER
LANDETE
DOROTHYS
HAUS
GELBER
ZIEGELSTEINWEG
QUADLING-
LAND
SMARAGD-
STADT
GROSSE WÜSTE

ATLANTIS

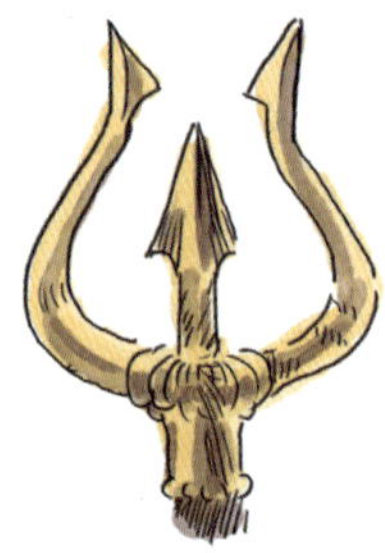

Um auf diese einst üppige Insel zu gelangen, muss man in die eisigen Gewässer des Ozeans eintauchen. Denn darin versank sie vor Hunderten von Jahren nach tagelangen Erdbeben und Flutwellen. Atlantis hatte die Größe eines Kontinents und wurde in der antiken Welt wegen seiner reichen Flora und Fauna und seiner Bewohner gerühmt.

Die Zivilisation von Atlantis zeichnete sich in der Tat durch Einfallsreichtum und Macht aus und war bei allen anderen Völkern bekannt. Die Ursprünge dieser Welt sind in Jahrhunderte alten Schriften beschrieben und werden in Mythen und Legenden erzählt. Demnach gehörte Atlantis dem Meeresgott Poseidon, der sich in ein Mädchen von der Insel Clito verliebt hatte.

Auf seiner großen Insel gab es Gebirgszüge und weite Ebenen, zerklüftete Küsten, große Städte und Häfen. Die Bevölkerung lebte in Frieden und widmete sich dem Handel und der Erkundung der übrigen damals bekannten Welt.

MEINE NOTIZEN

AUSFLÜGE IN DIE UNTERWASSERWELT

Ein einzigartiges Abenteuer erwartet den Besucher, der seinen Fuß in diesen uralten Ort unter dem Meer setzt. Man bewegt sich zwar nur langsam und das Atmen strengt an, doch die Wunder, die man unter Wasser erblickt, sind mit nichts zu vergleichen, was man je zuvor gesehen hat.

GÖTTLICHES SYMBOL

Der Dreizack, das Symbol des Meeresgottes Poseidon, ist immer noch in den untergegangenen Straßen der großen Städte zu sehen.

DER GROSSE TEMPEL

Der Poseidon gewidmete Tempel ruht in den Gewässern des Ozeans. Er ist nun von Algen bedeckt und wird von Fischen und Krebsen bewohnt.

DAS UNTERWASSERKÖNIGREICH

Anstelle der früheren Bewohner leben nun Fische und Meeressäuger, Algen, Muscheln und Krebstiere in den Palästen, Tempeln, Brücken und Häusern und verleihen diesen Orten eine ganz besondere Magie.

3
4
DIE STADT ATLANTIS

1
2
5
1: Akropolis
2: Arena
3: Poseidonstatue
4: Hafen
5: Wohnhaus

DER HUNDERTMORGENWALD

Wanderst du durch diesen großen Wald, kannst du sehr interessante Begegnungen haben. In den grünen Wiesen und zwischen den hohen Bäumen verbergen sich Tiere, die lustige Abenteuer erleben und seltsame Namen tragen. Sie sind überhaupt nicht gefährlich und machen immer lustige Sachen. In dieser Gegend lebt auch ein Kind, der kleine Christopher Robin. Er wohnt in einem Haus, das aus einem Baumstamm geschnitzt wurde, und hat einen besten Freund, Pu den Bären.

Es ist nicht ungewöhnlich, dass man Einheimische trifft, wenn man über die Wiesen spaziert. Es kann auch passieren, dass man zu einem leckeren Imbiss in eine Höhle eingeladen wird oder an einer Expedition teilnimmt, bei der man einen Heffalump oder ein anderes geheimnisvolles Tier sucht, das sich zwischen den Bäumen versteckt.

Der Hundertmorgenwald ist einer der friedlichsten Orte der Welt. Nirgendwo kann man besser glückliche Tage in unberührter Natur erleben und Freundschaften fürs Leben schließen. Das ist der große Reiz des Waldes: seine Bewohner!

MEINE NOTIZEN

KLEBRIGE LECKEREI

Hierbei handelt es sich um ein großes, rundes Glas Honig, das im Hundertmorgenwald so begehrt ist wie ein Schatz – vor allem von einem sehr hungrigen Bären, der mitten im Wald lebt. In seiner Höhle lagern Dutzende von Gläsern, aber die meisten davon sind leer!

BITTE DEM BESITZER ZURÜCKGEBEN

Wenn du ein scheinbar verlorenes Seil findest, schau es dir genau an, bevor du es mitnimmst. Es könnte der Schwanz eines traurigen Esels sein, der ihn oft verliert und schmerzlich vermisst!

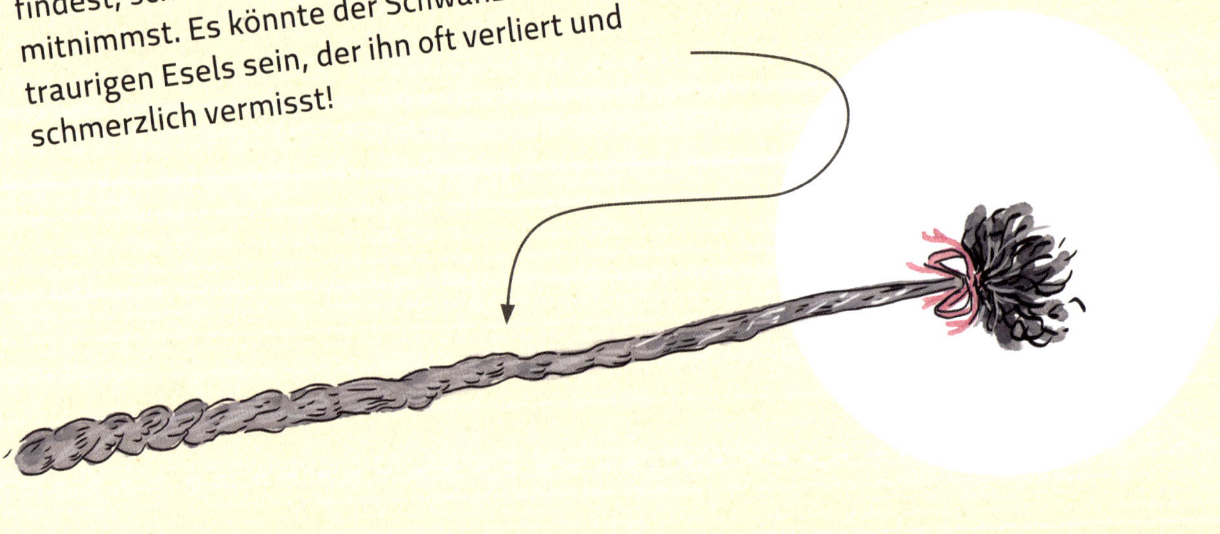

ZUM FEIERN ... UND FÜR VIEL MEHR!

Ein bunter Luftballon ist für verschiedenste Dinge brauchbar: Zum Beispiel kann er eine Geburtstagsparty sofort verschönern.

MAN KANN IHN ABER AUCH ZUM FLIEGEN BENUTZEN, WENN MAN AN DIE HÖCHSTEN ÄSTE EINES BAUMES GELANGEN WILL.

DOCH ES KÖNNTE SCHWIERIG SEIN, VON DORT WIEDER HERUNTERZUKOMMEN!

ZU BENUTZEN IM FALL EINER ÜBERSCHWEMMUNG

Wie könnten wir uns fortbewegen, wenn der Wald nach tagelangem Regen überschwemmt wäre? Segelnd!

HÄTTEST DU KEIN BOOT, KÖNNTEST DU DAFÜR JEDERZEIT EIN LEERES HONIGGLAS ODER, BESSER NOCH, EINEN UMGEDREHTEN REGENSCHIRM BENUTZEN!

WEN ICH TRAF

PU DEN BÄREN

Dies ist ein liebenswürdiger Bär, der gerne nascht und immer Abenteuer erlebt. Man kann ihn in einem Loch finden, das er gegraben hat, um einen Heffalump zu fangen …

… ODER ER STECKT IN EINEM TUNNEL FEST UND KOMMT NICHT MEHR HERAUS, WEIL ER ETWAS PUMMELIG IST!

I-AAH

Einen sehr, sehr traurigen grauen Esel: Nie schafft er es zu lächeln oder fröhlich zu sein.

ABER SEINE FREUNDE GEBEN SICH ALLE MÜHE, SEINE LAUNE ZU HEBEN, WIE SCHWER ES AUCH SCHEINEN MAG!

EULE

Ihre Weisheit ist im ganzen Wald bekannt. Daher kommen alle Tiere zu ihr, um sich Rat zu holen. Stets ist sie bereit, Nachrichten, Zeichen und Notizen für ihre Freunde zu schreiben, die dies selbst nicht können.

DOCH IN IHREN LITERARISCHEN WERKEN STECKEN IMMER EINIGE FEHLER.

FERKEL

Ein Schweinchen von geringer Größe und mit großen Ängsten. Lieber bleibt es zu Hause, als zu riskieren, in Gefahr zu geraten!

DOCH SEINE FREUNDE SCHAFFEN ES IMMER, ES AN IHREN UNGLAUBLICHEN ABENTEUERN TEILHABEN ZU LASSEN.

Ein perfekter
Platz für ein
Picknick
Kaninchens
Bau
In diesem Haus
wohnt Pu der Bär
Die sechs
Tannen
Ferkels
Haus
HUNDERT-
MORGENWALD

Hier sind
die Bienen
Heffalump-Fallen
Christopher Robins
Haus
Eules Haus
I-Aahs traurige Ecke
C.R. + W.T.P.
1926

NIMMERLAND

An diesen fantastischen Ort gelangt man nur fliegend. Die Sterne weisen den Weg, und nach stundenlangem Flug kannst du dich über den Anblick dieser Insel freuen, die voller Zauber, aber auch voller Gefahren ist.

In den Wäldern und an den zerklüfteten Küsten, auf den Bergen und in den Lagunen treiben sich skrupellose Piraten und wilde Tiere, jagende und zur See fahrende Indianer und verlorene Kinder herum, die zu allem bereit sind.

Übernatürliche Kreaturen bewohnen jeden Winkel, etwa faszinierende Meerjungfrauen und winzige fliegende Feen, deren Kraft man nicht unterschätzen sollte! Die interessanteste Figur dort heißt Peter, „Pan" genannt: ein Kind, das nie erwachsen wird, weil es sich ganz den Tausenden von Abenteuern hingibt, die es tagtäglich im Nimmerland erlebt. Schlau und schnell, mutig und im Fliegen geschickt, ist er der perfekte Führer, um dir jeden Winkel der Insel zu zeigen.

HILFSMITTEL ZUM FLIEGEN

Wenn du fliegen können musst, um nach Nimmerland zu kommen, wie kannst du es lernen? Als Erstes benötigst du FEENSTAUB, nur eine Prise, als Zweites die glücklichsten Gedanken, an die du dich erinnern kannst.

ER IST WIRKLICH SCHWER ZU FINDEN!

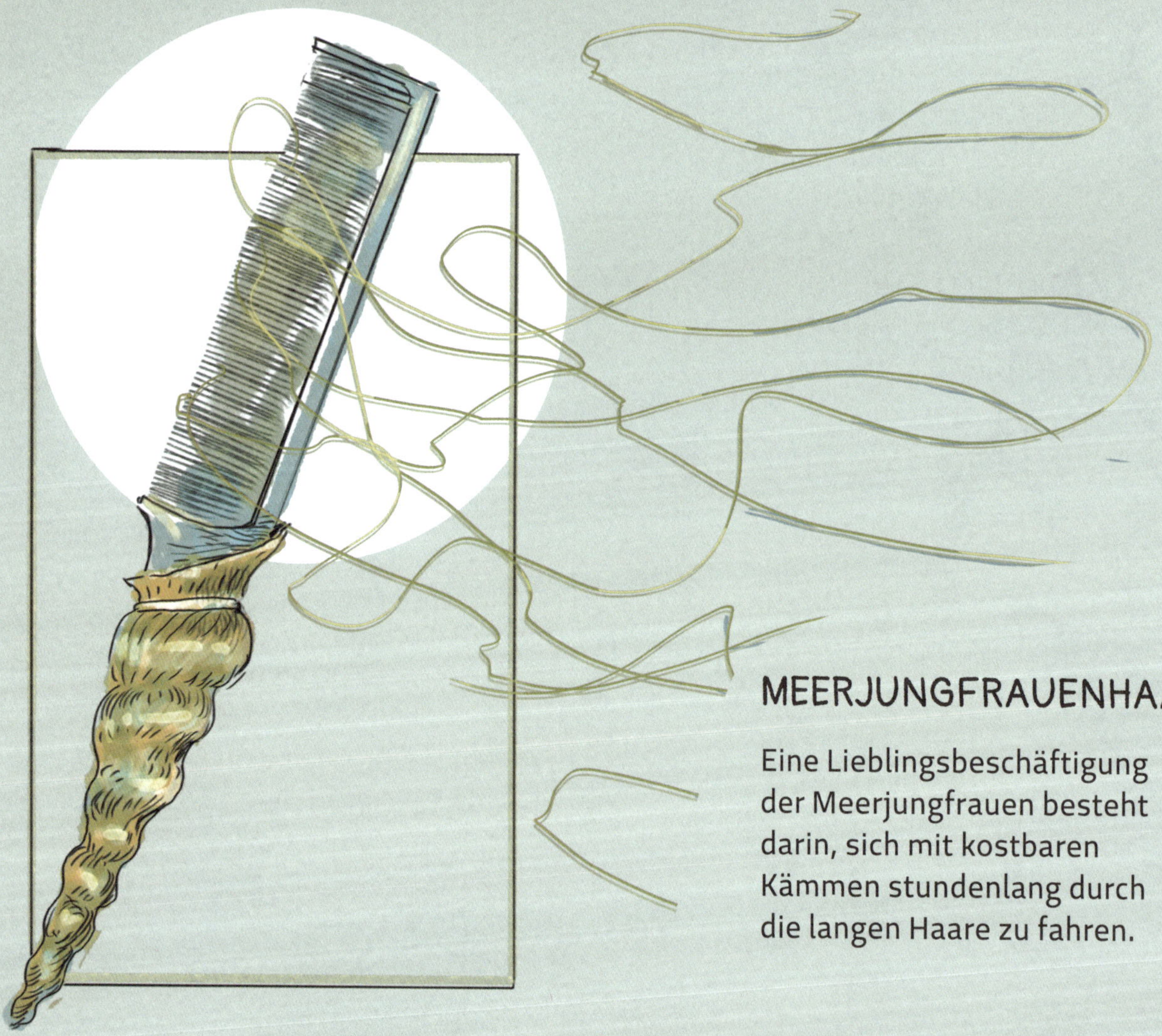

MEERJUNGFRAUENHAAR

Eine Lieblingsbeschäftigung der Meerjungfrauen besteht darin, sich mit kostbaren Kämmen stundenlang durch die langen Haare zu fahren.

NÜTZLICHES HILFSMITTEL

Ein großer, schwerer Wecker ist genau, was man braucht, wenn man morgens nur mit Mühe aufwacht. Steckt ein solcher Wecker aber im Magen eines riesigen Krokodils, sodass man sein Ticken weithin hört, ist er noch viel nützlicher!

SO ENTKOMMT MAN DEN WILDEN TIEREN AUF EINER INSEL!

EIN KUSS AUS METALL

Kann man einen Kuss verschenken? Offenbar ja: Biete deine Handfläche dar, und du erhältst einen glänzenden Fingerhut wie jenen, den Peter Pan der kleinen **Wendy Darling** in der Nacht ihrer Begegnung geschenkt hat.

WEN ICH TRAF

HOOK

Auch wenn sich Käpt'n Hook wie ein Dandy kleidet, ist er ein ernstzunehmender, gefährlicher Kerl! Und seit er durch Peter Pan eine Hand verloren hat, ist er noch grausamer: Jetzt trägt er einen spitzen, glänzenden Haken.

DAS ZUHAUSE DER PIRATEN

Das riesige Piratenschiff erregt wegen seiner ruchlosen Besatzung Furcht und Staunen zugleich.

MAN SCHAUT ES SICH BESSER NUR AUS DER FERNE AN UND MEIDET DIE BUCHT, IN DER ES ANKERT.

CURLY

Eine Gruppe verwaister und verlorener Kinder lebt allein auf der Insel und folgt Peter Pan. Einer von ihnen ist der niedliche Curly, der wie die anderen nicht in dieser verzauberten Welt bleiben können wird, wenn er älter wird.

TINKERBELL

Feen entstammen dem Lachen von Kleinkindern. Sie sind anmutige Wesen, die fliegen können. Tinkerbell ist allerdings dafür bekannt, dass sie ein wenig jähzornig ist!

LASS SIE ALSO LIEBER IN RUHE!

DIES IST EINE ZEICHNUNG IN LEBENSGRÖSSE!

1 Indianer-siedlung
2 Einsamer Berg
3 Totenkopf-insel
4 Haus der verlorenen Kinder
5 Piraten-bucht
1
5

2
3
4
NIMMERLAND
Krokodil-
fluss
Kannibalen-
höhle
Meerjungfrauen-
lagune

LILIPUT

Wer in Lemuel Gullivers Fußstapfen treten möchte – nasse Fußstapfen natürlich, denn er war ein großer Seefahrer – muss bedenken, dass er seine interessantesten Reisen dem Zufall verdankte. Stürme und Schiffbrüche, Meuterei und Piratenangriffe ... solche zufälligen und unglücklichen Ereignisse führten ihn an die Küsten der unglaublichsten Länder.

Bevor du es dir auf einem Schiff unter Deck bequem machst und hoffst, dass der Nebel bald einem heftigen Sturm weicht, der dich auf eine von kleinen Menschen bewohnte Insel bringt, solltest auf schwierige diplomatische Verhandlungen vorbereitet sein.

Du wirst in Windeseile die Grundlagen seltsamer, komplizierter Sprachen lernen müssen, um von deinen Gesprächspartnern verstanden zu werden. Und du wirst beweisen müssen, dass du beim Essen nicht wählerisch bist.

Du wirst schnell begreifen müssen, was du dir erlauben kannst und was deine Gastgeber als schweres Vergehen ansehen. Und du musst stets wachsam sein und die erstbeste Gelegenheit zur Flucht ergreifen. Denn du musst heimkehren, um zu erzählen, was du alles gesehen hast!

MEINE NOTIZEN

MINI-PFEILE IM ANFLUG!

Die winzigen Bewohner von **LILIPUT** und **BLEFUSCU** sind mutige und gute Bogenschützen: Gulliver weiß das sehr gut, wie er in seinen Geschichten erzählt. So winzig die abgefeuerten Pfeile auch sind, sie können sehr lästig sein.

INSBESONDERE, WENN SIE DICH IM GESICHT TREFFEN ODER DEINEN AUGEN NAHEKOMMEN!

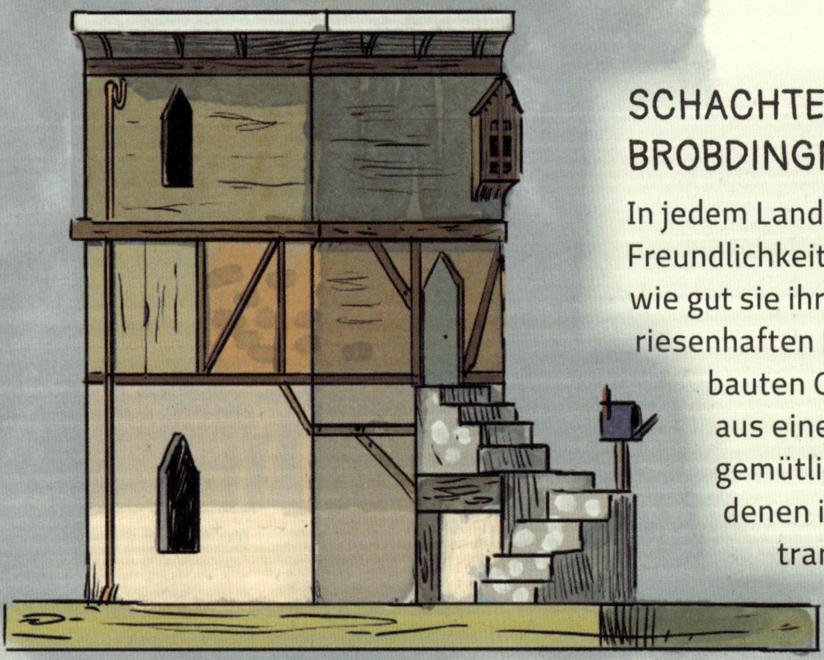

SCHACHTELHAUS IN BROBDINGNAG

In jedem Land bewertet man die Freundlichkeit seiner Einwohner danach, wie gut sie ihre Gäste beherbergen. Die riesenhaften Bewohner von **BROBDINGNAG** bauten Gulliver nicht nur ein Wohnhaus aus einer Schachtel, sondern auch gemütliche Reiseschachteln, in denen ihr kleiner Gast komfortabel transportiert werden konnte.

WO ESSEN?

Ein Reisender sollte einen unempfindlichen Magen haben, denn er weiß auf seinen Abenteuern nie, wann er ihn wieder füllen kann: vielleicht mit fingerhutkleinen Fässern auf der Insel **LILIPUT** oder mit brotlaibgroßen Krümeln bei den Riesen von **BROBDINGNAG**.
In **LAPUTA** hingegen haben alle Mahlzeiten geometrische Formen, die zu logischem Denken herausfordern, während man sich bei den Pferden von **HOUYHNHNM** mit ... **MILCH UND HAFERFLOCKEN** begnügen muss!

TIERE ALLER GRÖSSEN

Begegnungen mit den einheimischen Tieren sind sehr interessant, manchmal auch gefährlich. Während die Tiere in **LILIPUT** und **BLEFUSCU** leicht in die Hosentasche passen, muss man in **BROBDINGNAG** höchst vorsichtig sein.
Mäuse, Katzen und Affen sind riesige, furchterregende Wesen, ganz zu schweigen von den Insekten mit ihren bedrohlichen Stacheln. In **HOUYHNHNM** muss man im Umgang mit den Einheimischen, den Yahoos, Vorsicht walten lassen. Obwohl den Menschen ähnlich, sind sie unvorhersehbar.

WEN ICH TRAF

SANFTE PFERDE

Es gibt Orte, an denen die zivilisiertesten Bewohner Pferde sind, mit einer hochentwickelten Sprache und Manieren, die von der besten Etikette zeugen. Im Land der **HOUYHNHNM** sind die Pferde Wesen von großer Weisheit und Intelligenz, ganz anders als die rohen und unzivilisierten Yahoos, die den Menschen gefährlich ähnlich sind.

HERRSCHER UNTERSCHIEDLICHER GRÖSSEN

Auf seinen Reisen begegnete Gulliver den Adligen verschiedener Königreiche.

In **LILIPUT** lebt eine winzige, faszinierende und furchterregende Kaiserin, deren Zorn er auf sich zog, weil er ein Feuer in ihren königlichen Gemächern mit einer effektiven, aber unangemessenen Methode löschte (indem er in die Flammen pinkelte!).

In **BROBDINGNAG** hingegen küsste Gulliver der Königin, die ihm wie eine Riesin vorkam, höflich den kleinen Finger!

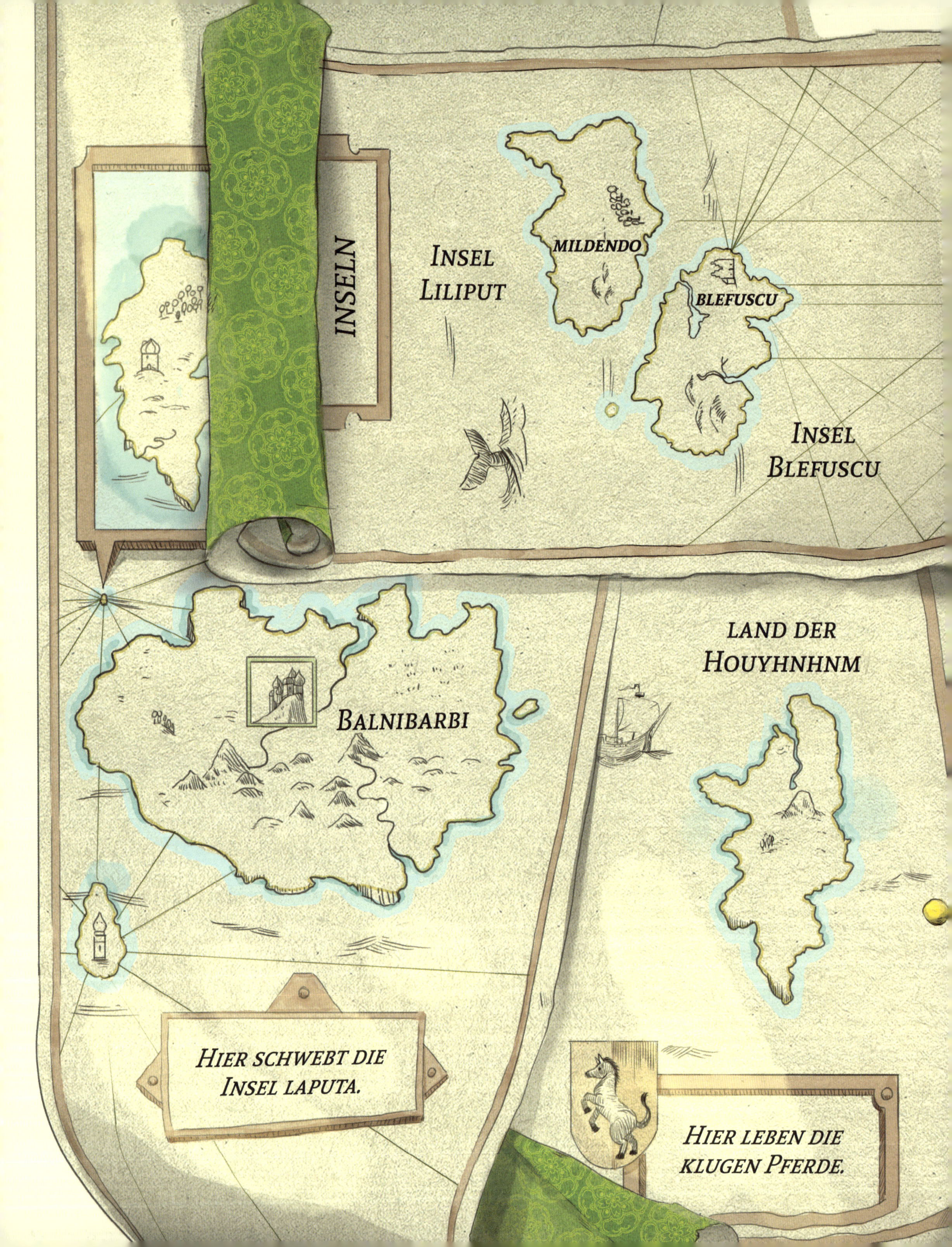
INSELN
INSEL LILIPUT
MILDENDO
BLEFUSCU
INSEL BLEFUSCU
BALNIBARBI
LAND DER HOUYHNHNM
HIER SCHWEBT DIE INSEL LAPUTA.
HIER LEBEN DIE KLUGEN PFERDE.

ELDORADO

Es gibt keine gesicherten Informationen über die genaue Lage dieser Stadt, die dank des Metalls leuchtet, mit dem fast alle ihre Oberflächen bedeckt sind: Gold. Viele haben unermüdlich nach ihr gesucht, da jedes Gebäude, jede Straße und jeder Tempel in ihrem Zentrum große Reichtümer birgt.

Man erzählt sich, dass Eldorado einen großen Salzwassersee überblickt, aber auch, dass es hinter Felswänden und Schluchten verborgen und vor unerwünschten Besuchern geschützt ist.

Seine Straßen sind mit Edelsteinen gepflastert, und unzählige vergoldete Statuen stellen alle Tiere dar, die in diesen Breitengraden leben.

Wem es gelingt, diesen mythischen Ort zu finden, der muss jede Form von Gier bekämpfen, die ihn ergreifen könnte, und die Aussicht genießen, um Eldorado dann ohne Reue wieder zu verlassen.

GEDECKTE TISCHE

Jeder Tisch ist reich mit goldenem und silbernem Geschirr und Besteck gedeckt: Nichts wurde aus gewöhnlichen Materialien gemacht, nur aus den WERTVOLLSTEN, die es hier gibt.

ES GIBT DORT NUR LÖFFEL, KEINE GABELN!

IHRE TELLER JAGTEN MIR ANGST EIN.

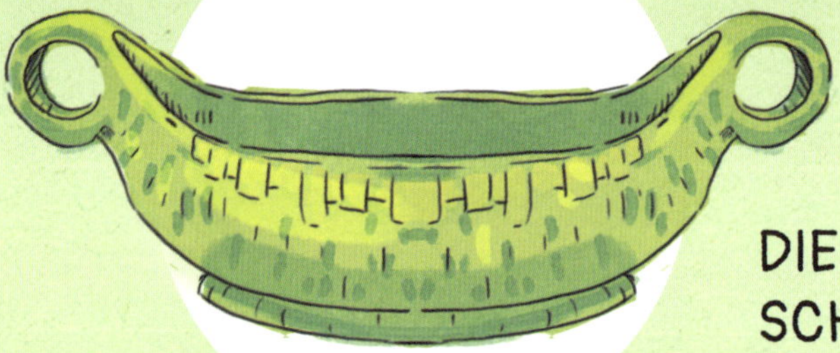

DIESE GOLDENE SCHALE KANN 30 PORTIONEN FASSEN!

VERGOLDETE TIERE

Es gibt dort Statuen von allen Tieren aus MASSIVEM GOLD. Sie zeigen deren Gesichtszüge und zieren alle Häuser der Stadt.

KOSTBARE KIESEL

Die Straßen und Gassen von Eldorado sind nicht mit gewöhnlichen Steinen gepflastert, sondern mit Rubinen, Smaragden, Topasen und goldenen Kieselsteinen.

BEI JEDEM SCHRITT SPÜRT MAN DIE GLATTE OBERFLÄCHE UND IST VON IHREM GLANZ GEBLENDET.

ALTE GÖTTER

Die Stadt Eldorado und ihre Mythen stehen in Verbindung mit Geschichten über das präkolumbianische Volk der Inka, die ihren Göttern Tempel und Statuen aus schimmerndem Gold errichtet hatten.

DIESE STATUE WAR 10 METER HOCH!

Eldorado
Entdeckerberichte
von 1650 bis 1873
Erzählung von R. L. Stevenson
A Die Stadt Eldorado
B Großer See
C Letzte Reisfelder
D Bergprofile
Giftige Spinne
Hundertfüßer

A
B
C
D

DER MITTELPUNKT DER ERDE

Steigt man in den erloschenen Vulkankrater des höchsten Bergs Islands hinab, gelangt man an einen unwirtlichen, aber faszinierenden Ort. Der junge Axel weiß das genau und beschließt, seinen Onkel, einen Geologen, bei der Suche nach dem Mittelpunkt unseres Planeten zu begleiten. Eine verrückte Mission, die aber zu unerwarteten Ergebnissen führt: Trotz vieler Gefahren erreicht die Expedition den tief verborgenen Bauch der Erde.

Dazu muss man nicht nur ein geschickter Kletterer und geübter Wanderer, sondern auch körperlich robust sein. In den unterirdischen Gängen ist Wasser eine Seltenheit, und der Hunger kann tödlich sein. Wenn du jedoch das Glück hast, auf eine eisenhaltige Wasserquelle zu stoßen, die deinen Durst löscht und dir die Fortsetzung deiner Reise ermöglicht, wirst du die Chance haben, die Felswände im Inneren unseres Planeten zu streicheln.

Wer den Mut hat, noch weiter zu gehen, gelangt an ein riesiges unterirdisches Meer, das von einem immerwährenden Polarlicht erleuchtet wird und von hohen Sträuchern umgeben ist, die in Wahrheit riesige Pilze sind. Und du wirst Tiere bewundern können, die seit Millionen von Jahren als ausgestorben gelten und hier im Schutz des Felsenhimmels überlebt haben.

MEINE NOTIZEN

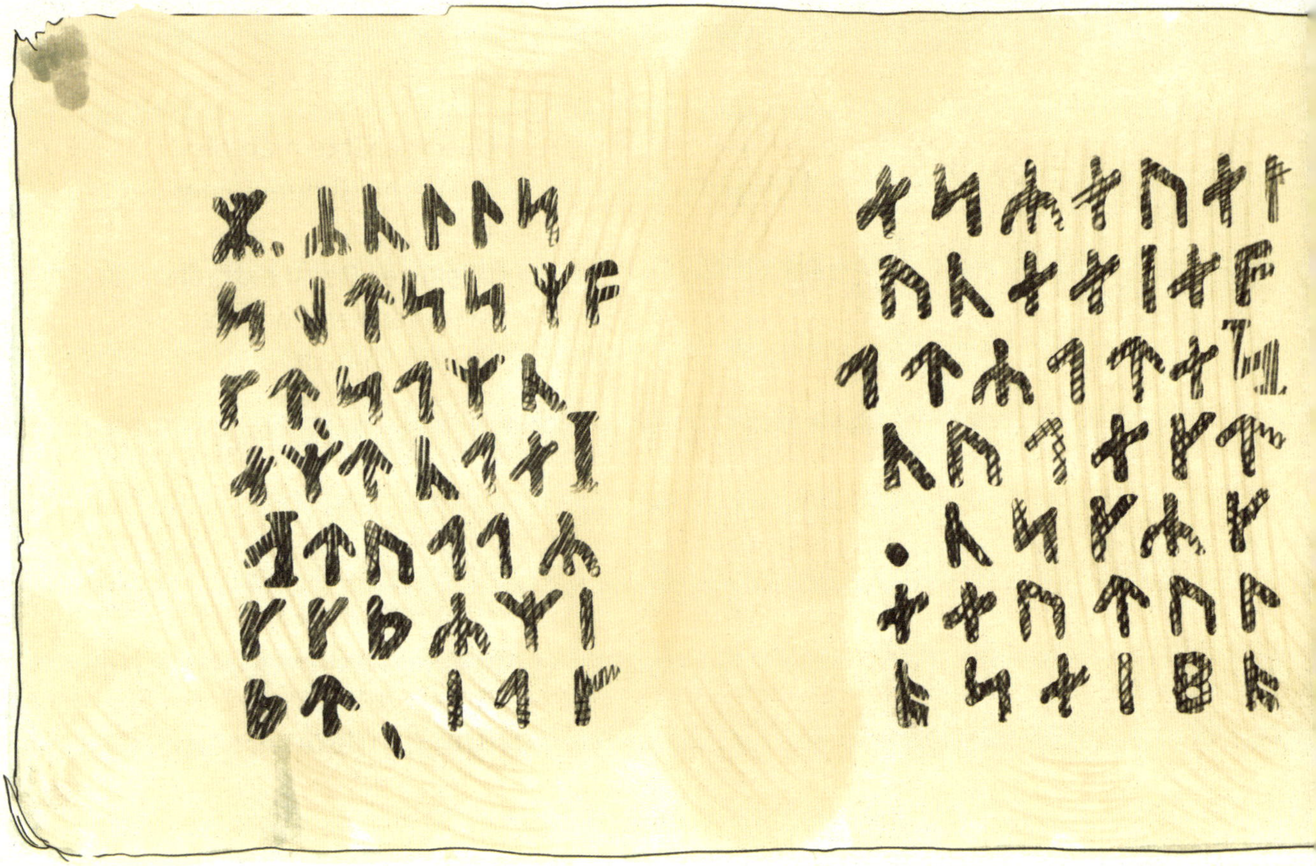

VERLIERE DEINEN KOMPASS NICHT

In der Dunkelheit des Untergrunds kann man sich nicht blindlings fortbewegen, sondern muss immer wissen, in welche Richtung man geht.

DESWEGEN MUSST DU STETS DEINEN KOMPASS ZUR HAND HABEN!

ALTE NOTIZEN

Unterschätze niemals die Verheißungen einer Jahrhunderte alten obskuren Botschaft, die in Runen verschlüsselt ist: Sie kann die Einladung zu einer unvergesslichen Reise zum Mittelpunkt der Erde sein.

UND SO FINDEN AXEL UND SEIN ONKEL DEN HÖHLENEINGANG ZU IHRER EXPEDITION!

NÜTZLICHE FASER

Ein langes, tragfähiges SEIL ist eines der nützlichsten Dinge auf einer solchen Reise, bei der man sich oft steile Wände hinablassen oder an seinen Gefährten festbinden muss, um nicht verloren zu gehen.

SUCHE NACH WASSER

Eine WASSERFLASCHE ist unverzichtbar, um auf einer Reise in die Tiefe der Erde überleben zu können: Sobald man eine Quelle oder einen unterirdischen Fluss entdeckt, muss man sie wieder auffüllen.

1 Arne Saknussemms Dokument
2 Weggabelung
3 Pilzwald
4 Dinosaurier
5 Mastodonten und Schäfer
6 Arne Saknussemms Messer
7 Der Weg zum Ausgang

e von Prof. Lidenbrock und seinem Neffen Axel

CAMELOT UND AVALON

Die Geschichten von einem Hofstaat aus edlen Rittern und beherzten Damen sind weithin bekannt. Viele haben davon geträumt, die Burg aufzusuchen, um das Gehörte aus nächster Nähe zu sehen. Der Mythos von Camelot rankt sich um seinen Herrscher, König Artus, und seine Ritter, die sich rund um eine legendäre Tafel versammeln.

Der Hof von Camelot steht unter dem Einfluss von Magie, deren Ursprung sich an einem Ort namens Avalon befindet. Dies ist eine verborgene, geheimnisvolle Insel, auf der die Halbschwester des Herrschers von Camelot lebt, die große Zauberin Morgana.

Nach erbitterten Zweikämpfen und blutigen Schlachten finden die Ritter und ihr Herrscher am Hof von Camelot Zuflucht. Dort können sie sich ausruhen und wieder zu Kräften kommen. Die Insel Avalon hingegen bietet Schutz vor großer Gefahr, wie sie dem Herrscher selbst widerfährt, als er im Kampf schwer verwundet wird.

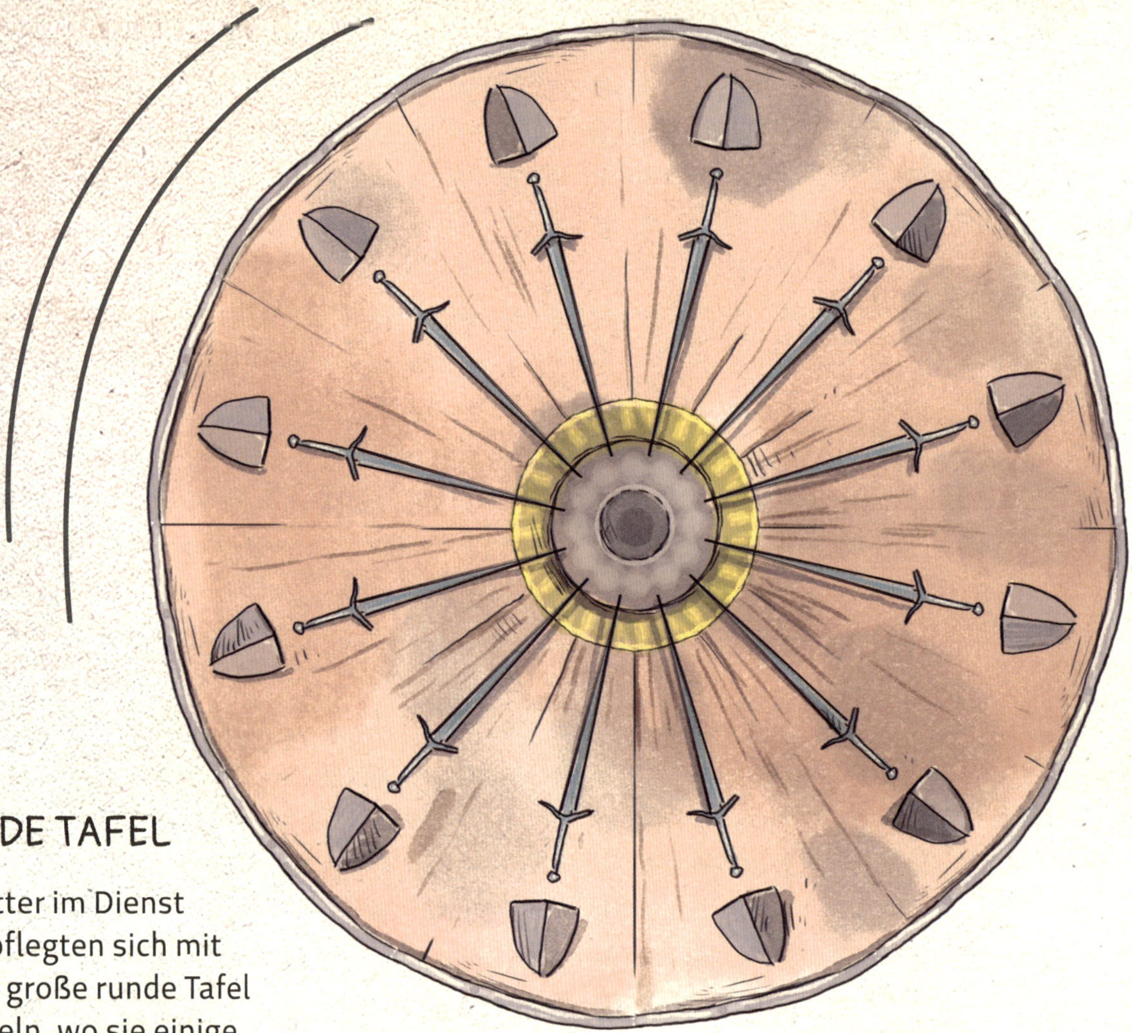

EINE RUNDE TAFEL

Die zwölf Ritter im Dienst des Königs pflegten sich mit ihm um eine große runde Tafel zu versammeln, wo sie einige Momente lang alle auf gleicher Augenhöhe waren.

EIN ZAUBERSCHWERT

Dieses lange, schwere Schwert ist so mächtig, dass es sogar einen Namen hat: Excalibur. Viviane, die Dame vom See, gab es König Artus als Geschenk. Es beschützte den König in zahlreichen Schlachten.

UM DEN KÖNIG UNVERWUNDBAR ZU MACHEN, MUSS ER DAS MÄCHTIGE SCHWERT EXCALIBUR IMMER IN EINER MAGISCHEN SILBERSCHEIDE AUFBEWAHREN.

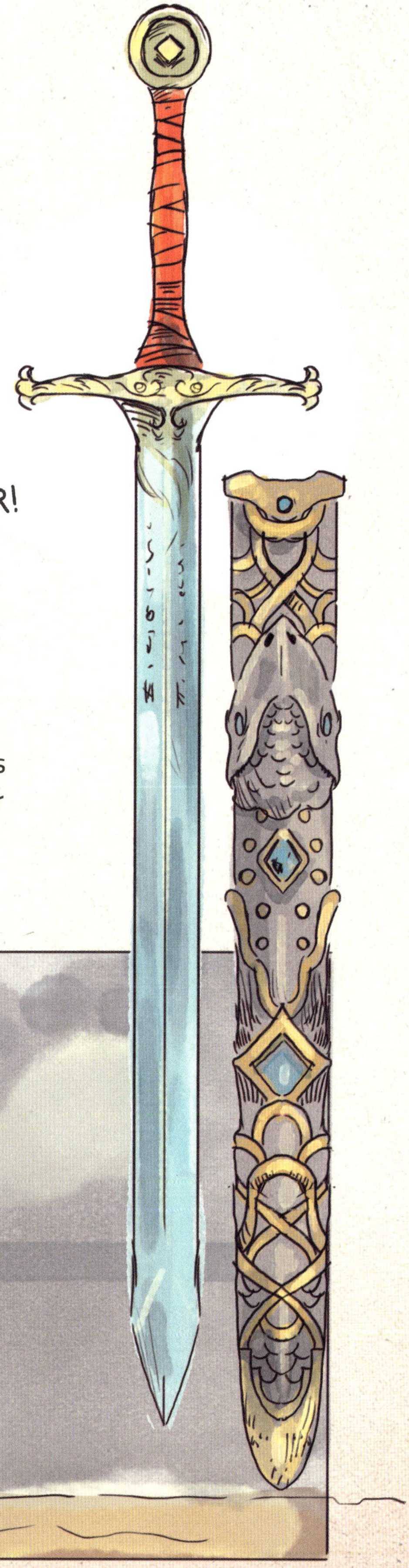

MIT HÖCHSTGESCHWINDIGKEIT

Wer nach Camelot kommt, sollte in der Kunst des Reitens bewandert sein. Denn in diesem Land genießen die Ritter ein hohes Ansehen, und Turniere auf hohen Rössern sind der beliebteste Zeitvertreib.

WEN ICH TRAF

EINE GEFÄHRLICHE ZAUBERIN

König Artus hat eine Halbschwester namens Morgana, die sich der Magie verschrieben hat und über große Macht verfügt.

DIE BEIDEN KOMMEN ANSCHEINEND NICHT BESONDERS GUT MITEINANDER AUS.

DIE KÖNIGIN

Guinevere ist die Gemahlin von Artus und Königin von Camelot.

IHRE GROSSZÜGIGKEIT UND FREUNDLICHKEIT GEGENÜBER IHREN UNTERTANEN WERDEN GERÜHMT. SIE SITZT NEBEN ARTUS AUF DEM THRON.

DEN LEHRER DES KÖNIGS

Um die Erziehung des jungen Artus kümmerte sich ein mächtiger Zauberer namens Merlin. Er steht ihm auch während seiner Herrschaft als Berater zur Seite.

DEN RITTER

Lancelot gehört neben Gawain, Gareth und neun anderen mutigen Männern zu den zwölf Rittern, die dem König persönlich zu Diensten sind.

ER SOLL IN DEMSELBEN SEE AUFGEWACHSEN SEIN, IN DEM DEM KÖNIG DAS MÄCHTIGE SCHWERT EXCALIBUR ÜBERREICHT WURDE.

Das Questentier
CAMELOT
Merlins Turm
Morganas Festung
Das Land Albion

Melwas' Burg
Rhita Gawr
DER HEILIGE GRAL
Der See der Dame vom See
Cameliard

DIE SCHATZINSEL

In der Karibik liegt eine ungewöhnliche Insel. Ihre zerklüftete Küste ist von dichter Vegetation bedeckt, die sich bis ins Landesinnere erstreckt. Bewohnt wird sie von Tieren, die im Schatten der Bäume fliegen, hüpfen und kriechen. Ein verlassenes Fort zeigt, dass der Mensch bis in diese abgelegene Gegend vorgedrungen ist.

Doch in der Tiefe dieses Dickichts liegt der Grund dafür verborgen, dass diese Insel unablässig Gegenstand von Suchexpeditionen ist: ein wertvoller Schatz in schweren Holzkisten, von dem nur wenige wissen. Es handelt sich um die Beute des berüchtigten Piraten Kapitän Flint. Wer diese Insel betritt, muss äußerste Vorsicht walten lassen, denn die Suche nach dem versteckten Gold könnte zu unangenehmen Begegnungen mit Piraten führen.

ADMIRAL BENBOW
5¢

TOTENKOPFFLAGGE

Wenn du diese Flagge an einem Schiffsmast wehen siehst, ergreife die Flucht und lauf so weit, wie du kannst! Ein Totenkopf auf schwarzem Grund: Das ist die Piratenflagge!

WENN DU DIESE FLAGGE SIEHST ... RENN WEG!

WERTVOLLE LANDKARTEN

Ohne eine genaue Karte ist eine Schatzsuche sinnlos: Vergiss daher nicht, das Pergament mitzunehmen, auf dem der Fundort des Schatzes verzeichnet ist!

GEFIEDERTES PLAPPERMAUL

Papageien sind seit jeher die besten Freunde von Piraten und überstehen auch lange Fahrten auf See.

DOCH NACH MONATEN AUF DEM WASSER WIRD IHR GEPLAPPER ALLMÄHLICH LANGWEILIG.

LAND IN SICHT!

Es gibt nichts Besseres, als die Insel mit einem Schiff anzufahren, das stürmischen Gewässern und vollkommen windstillen Tagen standgehalten hat. Mit einer Ladung Lebensmitteln und Kojen zum Schlafen kannst du eine lange Reise auf wogendem Wasser gut bewältigen.

WEN ICH TRAF

DEN JUNGEN SEEFAHRER

Unterschätze niemals einen Kajütenjungen oder Matrosen wegen seines jugendlichen Alters: So jung er auch ist, Jim gehört zu den vertrauenswürdigsten Mitgliedern der Besatzung der Hispaniola, des Schiffes, das an der Küste der Schatzinsel anlegt.

DEN AUFRECHTEN KAPITÄN

Der Kapitän ist ein vertrauenswürdiger und zuverlässiger Mann, der sich in große Gefahr begibt, als er sein Schiff in den Dienst der Suche nach Piratengold stellt.

DENN MEUTEREI IST EINE GROSSE GEFAHR!

DEN SCHIFFSKOCH

Seine Geschicklichkeit auf dem Schiff macht ihn unentbehrlich, aber wegen seines grimmigen Aussehens und seines Holzbeins jagt er den meisten Angst ein. Hinter dem Koch verbirgt sich ein grimmiger Pirat, der zu allem bereit ist, um an den Schatz zu kommen.

ER HEISST LONG JOHN SILVER.

DEN MANN VON DER INSEL

Piraten sind nicht gerade für ihre Freundlichkeit bekannt. So kann es vorkommen, dass jemand vom Schiffsdeck den Haien vorgeworfen oder auf einer tropischen Insel ausgesetzt wird, um dort in völliger Einsamkeit zu leben.

GENAU DAS GESCHAH BEN GUNN, DER DREI JAHRE LANG GANZ ALLEIN AUF DER SCHATZINSEL LEBTE!

”

Graue Wälder bedeckten einen Grossteil der Insel. Diese gleichmässige Färbung wurde zwar durch gelbe Sandstreifen in den tieferen Lagen und hohe Bäume aus der Familie der Kiefern unterbrochen, die die anderen überragten – manche einzeln, manche in Gruppen – aber die allgemeine Färbung war eintönig und traurig …

“

Weg zum Schatz, gefunden in Long John Silvers Tagebuch

Totenkopfflagge

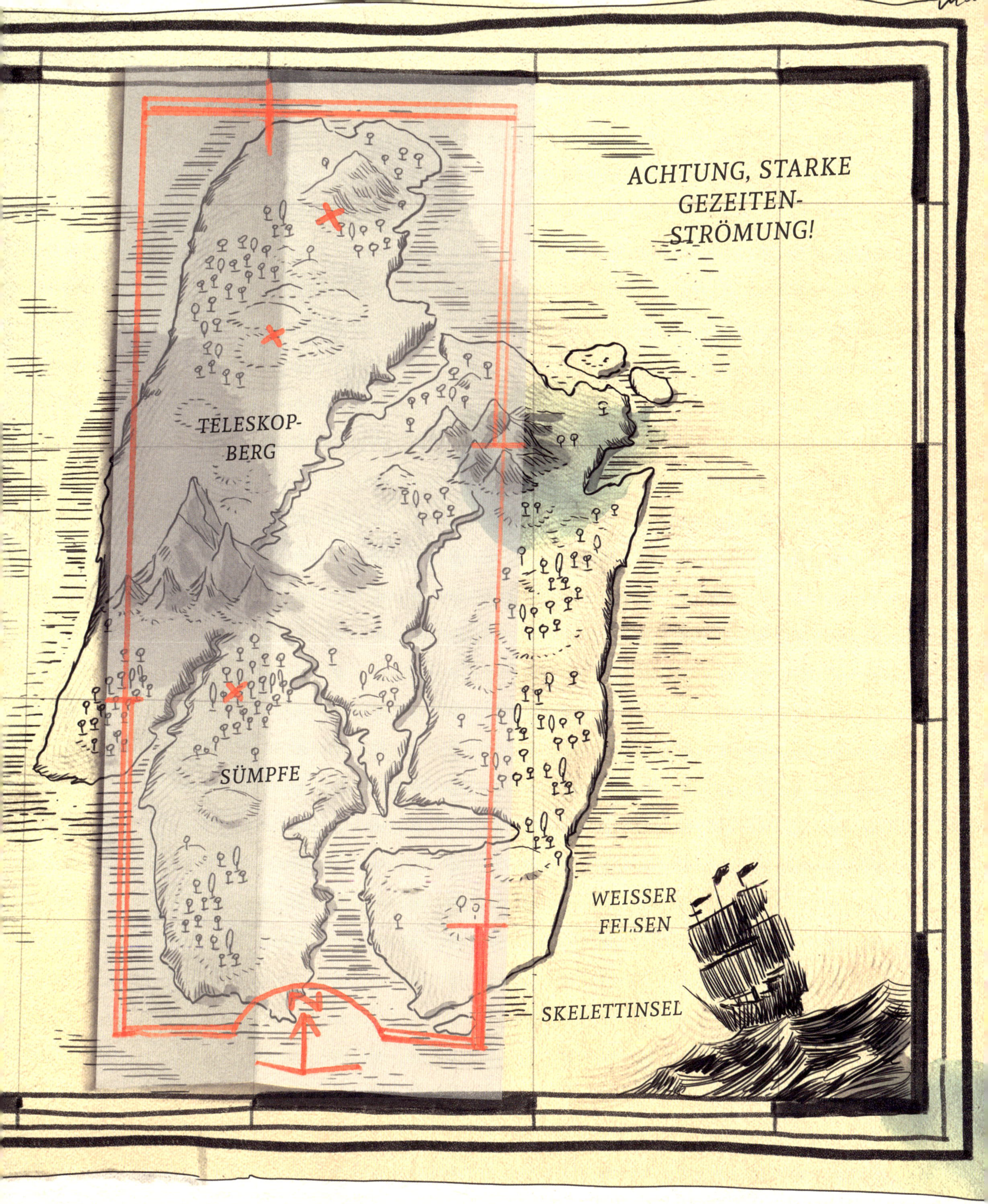

ACHTUNG, STARKE GEZEITEN-STRÖMUNG!
TELESKOP-BERG
SÜMPFE
WEISSER FELSEN
SKELETTINSEL